Cynnwys

Cymru   Seland Newydd

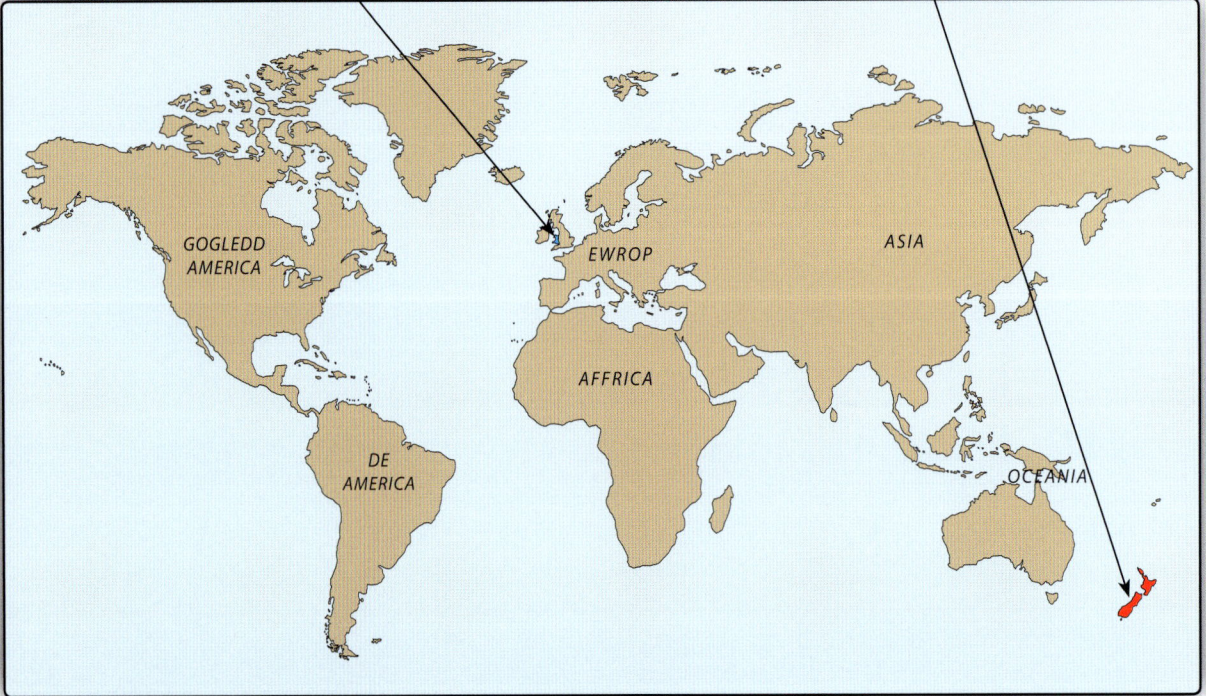

Mae Seland Newydd yn y Môr Tawel.

Dwy ynys fawr ydy Seland Newydd - Ynys y Gogledd ac Ynys y De.

Mae Cook Strait rhwng y ddwy ynys. Mae Cook Strait yn 20 km (12 milltir) o hyd.

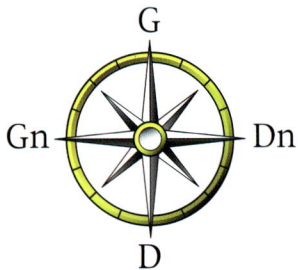

Mae Awstralia i'r gorllewin o Seland Newydd.
Mae De America i'r dwyrain.
Mae Caledonia Newydd, Fiji a Tonga i'r gogledd.
Mae'r Antarctig i'r de.

S... ...wydd

...hes

Cyhoeddwyd gan y Ganolfan Astudiaethau Addysg, Aberystwyth
(www.caa.aber.ac.uk)

Noddwyd gan Lywodraeth Cynulliad Cymru.

Cyhoeddwyd dan nawdd Cynllun Adnoddau Addysgu a Dysgu CBAC.

ISBN: 978-1-84521-399-2

Golygwyd gan Delyth Ifan
Dyluniwyd gan Richard Huw Pritchard
Argraffwyd gan Argraffwyr Cambria

Diolch i'r canlynol am ganiatâd i atgynhyrchu delweddau:

Roland Davies
Rhydian Evans
Fflur Pughe

Gwnaethpwyd pob ymdrech i olrhain a chydnabod deiliaid hawlfraint.
Bydd y cyhoeddwyr yn falch i wneud trefniadau addas gydag unrhyw ddeiliaid
na lwyddwyd i gysylltu â nhw.

Diolch hefyd i Sasha Butler, Emma Dermody a Caroline Thonger am eu
harweiniad gwerthfawr.

Mewn awyren

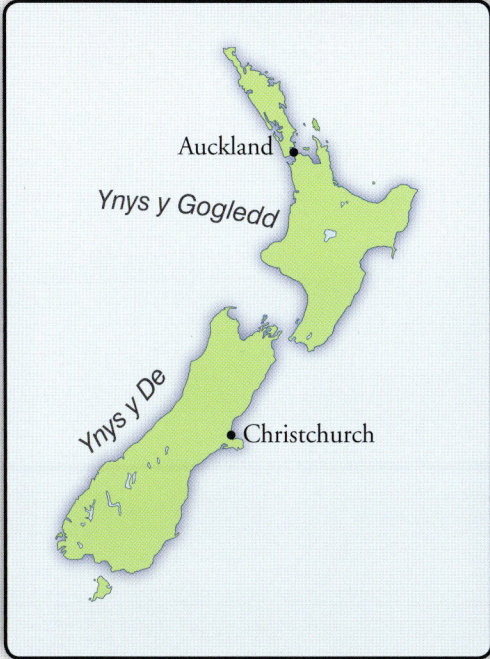

Mae pobl yn hedfan i faes awyr Auckland i fynd i Ynys y Gogledd.
Mae pobl yn hedfan i faes awyr Christchurch i fynd i Ynys y De.

Mae'r daith o Lundain i Seland Newydd yn 20 awr!

MAE'R AWYREN YN STOPIO AR Y FFORDD I GAEL TANWYDD.

3

Mae pobl yn teithio yn y car, ar y bws neu ar y trên.

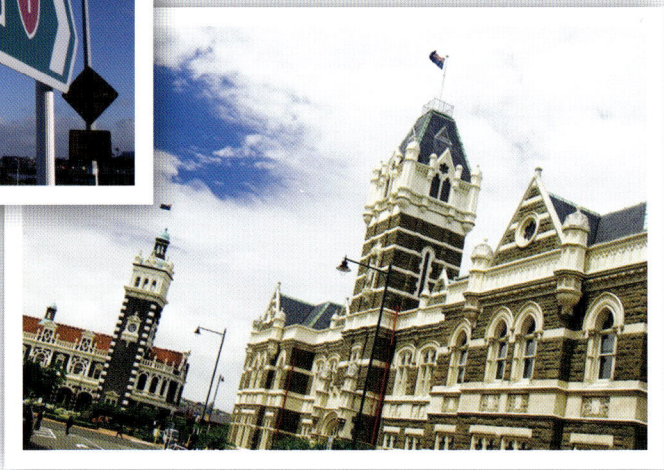

Mae fferi yn cario pobl rhwng Ynys y Gogledd ac Ynys y De.

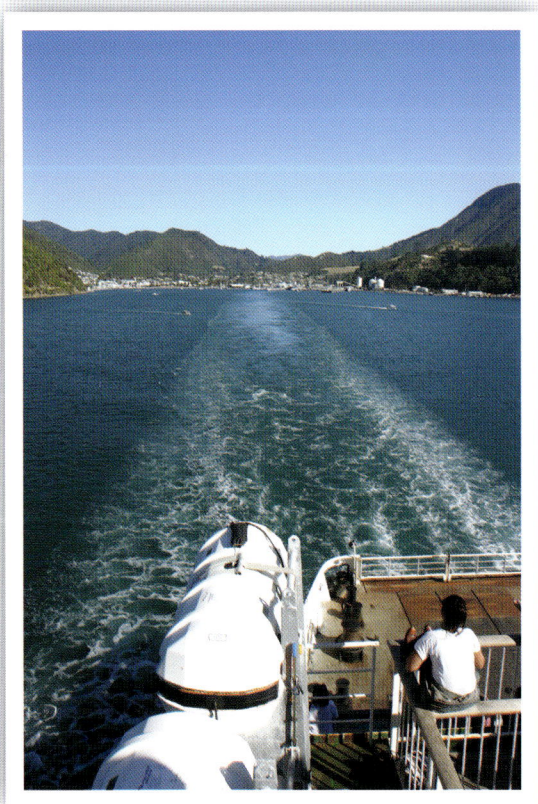

Weithiau, mae'n stormus ar y môr.

DYDY'R MÔR TAWEL DDIM YN DAWEL!

Sut le ydy Seland Newydd?

Mae tua 4 miliwn o bobl yn byw yn Seland Newydd.
Mae tua 3 miliwn o bobl yn byw ar Ynys y Gogledd.
Mae tua 1 miliwn o bobl yn byw yn Auckland.

Auckland

Auckland ydy dinas fwyaf Seland Newydd, ond Wellington ydy prifddinas y wlad.

Wellington

Mae Ynys y De yn fwy nag Ynys y Gogledd. Christchurch ydy dinas fwyaf Ynys y De.

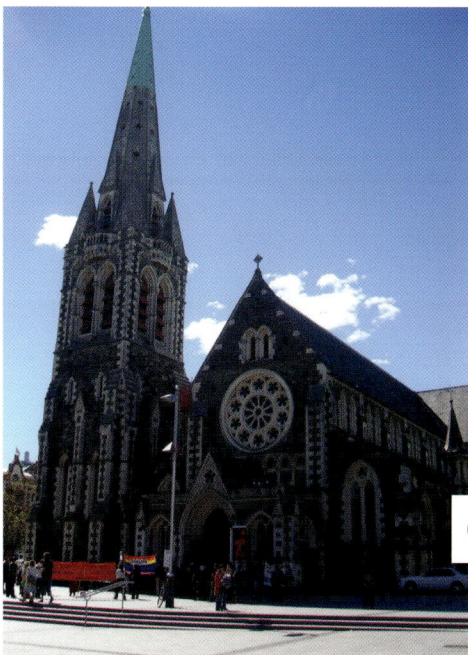

Christchurch

Ynys y Gogledd

Mae llosgfynyddoedd ar Ynys y Gogledd.

Mae geiserau ar Ynys y Gogledd.

Mae coed trofannol ar Ynys y Gogledd hefyd.

Ynys y De

Y mynydd uchaf yn Seland Newydd ydy Mount Cook neu 'Aoraki'.

Mae Mount Cook ar Ynys y De.

Mount Cook neu 'Aoraki' (3754m)

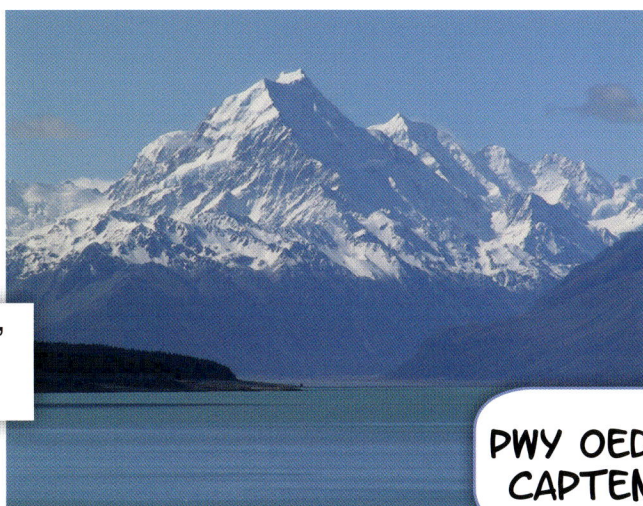

Mae ffiordau a rhewlifoedd ar Ynys y De.

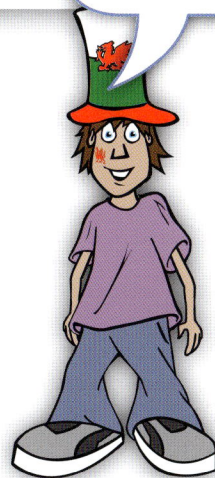

PWY OEDD COOK? CAPTEN COOK?

Ac mae traethau gwych ar y ddwy ynys!

Tywydd Seland Newydd

Mae'r haf yn Seland Newydd ym mis Rhagfyr, Ionawr a Chwefror.
Mae'r gaeaf yn Seland Newydd ym mis Mehefin, Gorffennaf ac Awst.

Mae Ynys y De yn fwy oer nag Ynys y Gogledd.

Mae pobl Seland Newydd yn cael llawer o haul!

Mis	Oriau o haul bob dydd
Ionawr	7
Chwefror	7
Mawrth	6
Ebrill	6
Mai	6
Mehefin	4
Gorffennaf	3
Awst	3
Medi	5
Hydref	6
Tachwedd	7
Rhagfyr	8

DYNA BRAF!

Ond mae pobl Seland Newydd yn cael glaw hefyd.

Ble?	Glaw (dyddiau)	Tymheredd yr haf (˚C)	Tymheredd y gaeaf(˚C)
Bay of Islands	12	25	16
Auckland	11	24	15
Rotorua	10	24	13
Wellington	10	20	12
Christchurch	7	22	10
Queenstown	8	22	8

Adar Seland Newydd

Mae adar arbennig yn Seland Newydd. Dydyn nhw ddim yn gallu hedfan!

Dydy llawer o adar Seland Newydd ddim yn gallu hedfan achos bod y wlad yn bell o bob man.

A DOEDD DIM CATHOD, CŴN NA LLYGOD MAWR YNO AR Y DECHRAU!

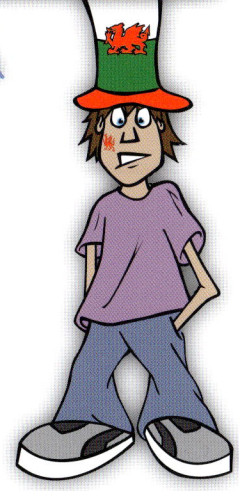

Dyma'r kiwi.

brown kiwi

40c

NEW ZEALAND

Y kiwi ydy symbol Seland Newydd.

Dyma robin ddu.

Dyma kea.

Parot ydy kea.

Dyma weka.

MAE'R WEKA YN FUSNESLYD!

Y 'Maori' oedd y bobl gyntaf yn Seland Newydd.

'Aotearoa' ydy'r enw ar Seland Newydd yn iaith y Maori.

Aotearoa = gwlad o dan y cwmwl gwyn, hir.

Heddiw mae'r plant yn dysgu siarad Maori yn yr ysgol.

Roedd y Maori yn gwneud crefftau da.

Roedd y Maori yn hoffi dawnsio hefyd.

Heddiw mae pobl yn dysgu dawnsio fel y Maori.

Feilding,
Ynys y Gogledd,
Seland Newydd.

(Gorffennaf 2010)

Annwyl ffrind yng Nghymru,

Kia ora?

Fy enw i ydy Areta. Dw i'n 10 oed. Dw i'n byw yn Feilding gyda
fy mam , fy nhad, Hiri fy chwaer sy'n 7 oed ac Arana fy
mrawd sy'n 3 oed. Mae cath o'r enw Rangi gyda fi.

Dw i'n siarad Maori a Saesneg. Dw i'n mynd i Ysgol Gynradd
Feilding. Dw i'n cael gwersi Maori a Saesneg yn yr ysgol.

Mae'r gwyliau haf yn Rhagfyr a Ionawr. Yn y gwyliau dw i
a'r teulu yn mynd i ddinas Wanganui i ddathlu'r Nadolig a'r
Flwyddyn Newydd.

Mae hi'n oer iawn yma nawr ac mae digon o eira i sgïo!

Mae dad yn gweithio ar fferm laeth enfawr. Dydy mam ddim
yn gweithio. Mae hi'n gofalu am fy mrawd bach.

Wyt ti eisiau bod yn ffrind post i fi?

Hwyl,
Areta
O.N. Dyma luniau o Seland Newydd.....

Mae ffermydd enfawr yn Seland Newydd.

Dyma fferm laeth.

Mae 800 o wartheg ar y fferm yma.

Dyma fferm gwartheg tew.

Mae 350 o wartheg ar y fferm yma.

Dyma fferm ddefaid.

Mae 1,450 o ddefaid ar y fferm yma!

Mae pobl o Gymru yn mynd i Seland Newydd i helpu cneifio defaid.

Aeth Rhydian Evans o Dal-y-bont, ger Aberystwyth, i Seland Newydd am 6 mis i helpu cneifio defaid.

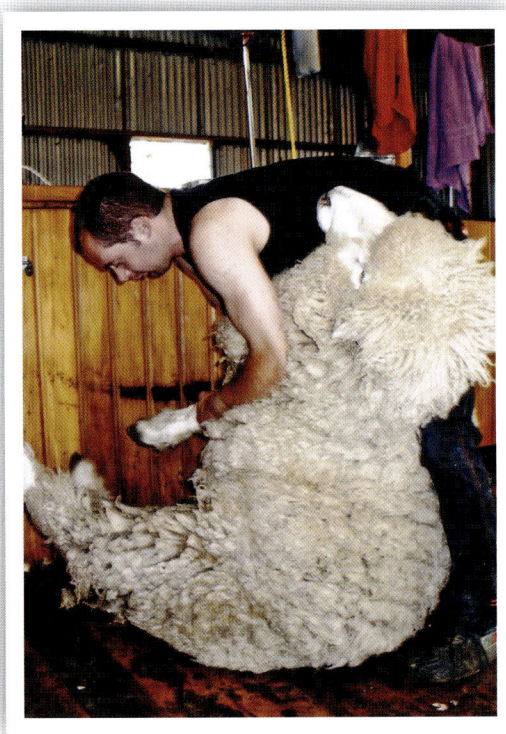

FAINT O DDEFAID SY'N SELAND NEWYDD A FAINT O BOBL SY YNO?

Rygbi

Mae rygbi yn bwysig yn Seland Newydd.

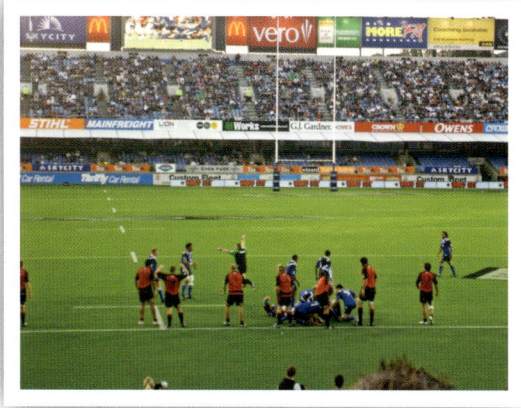

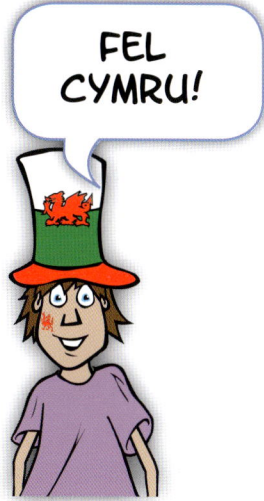

FEL CYMRU!

Enw tîm rygbi Seland Newydd ydy'r Crysau Duon neu 'All Blacks'.

Mae'r tîm yn gwisgo dillad du.

Cyn y gêm, mae'r tîm yn dawnsio dawns yr 'Haka'.

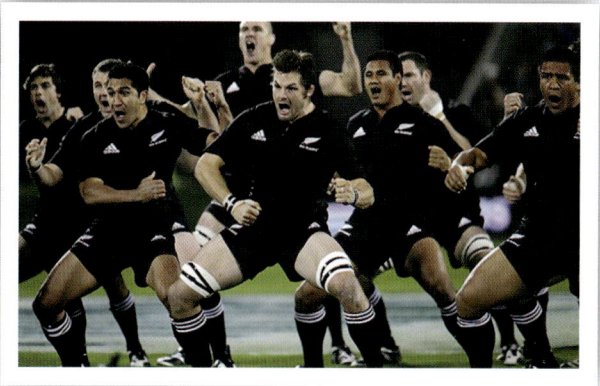

Naid bungee

Mae Seland Newydd yn enwog am naid bungee hefyd.

Pont Kawarau (43m)

DYMA LLE OEDD Y NAID BUNGEE GYNTAF!

DEWCH AR WYLIAU I SELAND NEWYDD!